# BIBLIOTHEQUE MORALE

## DE

# LA JEUNESSE

PUBLIÉE

## AVEC APPROBATION

SAINT ROMAIN.

# VIE



DE

# SAINT ROMAIN



## ARCHEVÊQUE DE ROUEN

**ROUEN**

MÉGARD ET Cⁱᵉ, LIBRAIRES-ÉDITEURS

1863

# Avis des Éditeurs.

Les Éditeurs de la **Bibliothèque morale de la Jeunesse** ont pris tout à fait au sérieux le titre qu'ils ont choisi pour le donner à cette collection de bons livres. Ils regardent comme une obligation rigoureuse de ne rien négliger pour le justifier dans toute sa signification et toute son étendue.

Aucun livre ne sortira de leurs presses, pour entrer dans cette collection, qu'il n'ait été au préalable lu et examiné attentivement, non-seulement par les Éditeurs, mais encore par les personnes les plus compétentes et les plus éclairées. Pour cet examen, ils auront recours particulièrement à des Ecclésiastiques. C'est à eux, avant tout, qu'est confié le salut de l'Enfance, et, plus que qui que ce soit, ils sont capables de découvrir ce qui, le moins du monde, pourrait offrir quelque danger dans les publications destinées spécialement à la Jeunesse chrétienne.

Aussi tous les Ouvrages composant la **Bibliothèque morale de la Jeunesse** sont-ils revus et approuvés par un Comité d'Ecclésiastiques nommé à cet effet par Monseigneur l'Archevêque de Rouen. C'est assez dire que les écoles et les familles chrétiennes trouveront dans notre collection toutes les garanties désirables, et que nous ferons tout pour justifier et accroître la confiance dont elle est déjà l'objet.

# VIE DE SAINT ROMAIN.

La naissance royale, la haute piété et les nombreux miracles de saint Romain en ont fait un des plus illustres archevêques du diocèse de Rouen. Issu de ces princes qui, venus d'Allemagne, avaient été instruits et baptisés par saint Remi, Romain, par la noblesse de son origine, et plus encore par l'éclat de ses vertus, fut, au $VII^e$ siècle, la gloire du royaume et de l'Église de France; aussi est-ce avec un profond sentiment de reconnaissance et de vénération que j'ai entrepris d'écrire la vie d'un des bienheureux patrons de la ville de Rouen.

C'est une chose digne de remarque, que

les qualités et les vertus des parents exercent une grande influence sur l'avenir de leurs enfants; car, pour peu que l'on parcoure la *Vie des saints*, l'on voit que bon nombre d'entre eux ont eu le bonheur d'appartenir à des parents chrétiens et vertueux. Ce fut même à la piété des siens que Romain, nouveau Samuel, fut redevable du bienfait de la vie.

Benoît, son père, après avoir servi, avec beaucoup de réputation, dans les armées des enfants de Clovis, avait obtenu et exerçait avec distinction la charge de premier conseiller d'État à la cour du roi Clotaire II. Sa probité, sa sagesse et sa générosité étaient si éminentes, que les auteurs du temps assurent qu'il était aimé de Dieu, chéri du roi et respecté des grands; et il était devenu si clément et si débonnaire, que les peuples l'appelaient communément le père de la patrie.

Son épouse, appelée Félicité, égalait ce seigneur en vertu et en naissance. Les richesses de cet heureux couple étaient considérables. Mais ce qui manquait à leur bonheur, c'était un héritier de leur fortune et de leurs biens. Toutefois, comme

leur piété leur inspirait une grande confiance en Dieu, ils ne cessaient de lui
offrir de ferventes prières, et conjuraient
la bonté divine de bénir leur mariage, en
leur donnant un fils qui accrût le nombre
de ses vrais adorateurs.

Leur prière fut exaucée; et par une
insigne faveur du ciel, un ange apparut à
Benoît pendant son sommeil, et lui prédit
que ses vœux seraient accomplis, qu'il
aurait un fils, appelé Romain, lequel serait
la lumière et la gloire de l'Église. Sa ver-
tueuse épouse fut transportée de joie à
cette heureuse nouvelle; et tous deux se
préparèrent par la prière, l'aumône, et
toutes sortes de bonnes œuvres, à recevoir
le riche présent que le ciel leur promettait.
Lorsque Félicité eut mis au monde nôtre
saint, elle s'appliqua de bonne heure à lui
procurer une éducation capable de le mettre
en état de répondre aux desseins que Dieu
avait sur lui.

Romain passa donc les premières années
de sa vie près de sa mère, qui lui enseigna
de bonne heure les premiers éléments de
la religion; et en apprenant à bénir Dieu,
il s'appliquait encore à le connaître, à

l'aimer, à le servir. Il apprit surtout à honorer dans la personne des pauvres la personne adorable du Sauveur; et ses mains se formèrent, dès l'âge le plus tendre, à verser dans le sein de ceux qui souffrent d'abondantes aumônes. Dès qu'il fut en âge de se livrer à des études plus sérieuses, ses parents le confièrent à des maîtres habiles, qui lui enseignèrent avec les sciences humaines la doctrine de la foi et la pratique du bien. Mais à peine notre jeune saint eut-il commencé l'étude des belles-lettres et des sciences, qu'il ne tarda pas à donner des marques éclatantes de sa future sainteté par les progrès merveilleux qu'il fit dans la piété chrétienne; et il devint surtout si remarquable par la rapidité avec laquelle il surpassa dans la science tous ses compagnons d'étude, que sa capacité, jointe à sa naissance, à sa vertu et à sa prudence, le fit choisir du roi Clotaire II, pour un de ses conseillers.

Quelques auteurs ont même avancé que le roi, en considération de sa naissance et de son mérite, l'avait honoré de la charge de référendaire ou garde des sceaux. Du reste, comme, à cette époque, la charge de chancelier ou référendaire consistait à dresser les ordonnances des princes ou à les signer, ce qui demandait plutôt une certaine connaissance des lettres et des lois, une probité et une fidélité éprouvées, qu'une expérience consommée dans le gouvernement des affaires, il ne serait pas impossible que saint Romain ait exercé cette charge, quand d'ailleurs saint Ouen et saint Ansbert, ses successeurs, en ont été pourvus, lorsqu'ils étaient encore assez jeunes, et dans un âge où ils devaient être fort peu versés dans les affaires.

Disons, à l'éloge de notre saint, que les emplois et les honneurs du siècle, qui sont le plus souvent si funestes à la piété, ne produisirent pas ce pernicieux effet dans son âme. Comme c'était par l'ordre de la divine providence, et non par un motif d'ambition, qu'il y était engagé, il fut toujours soutenu par la grâce, qui lui donna la force de résister aux séductions de la cour et du monde. Sa piété, bien loin de s'affaiblir, s'affermit, au contraire, de plus en plus. On le vit pratiquer constamment les vertus opposées aux vices des grands.

Tandis que ceux-ci passent leur vie dans le luxe, l'orgueil, la volupté et l'oubli de Dieu, Romain menait à la cour une vie sobre et frugale, se montrant modeste et accessible à tout le monde, se tenant toujours en la présence de Dieu; ami de l'ordre et de la discipline, il fut toujours plein de douceur, mais ferme envers ses domestiques et les personnes qui relevaient de son autorité; faisant déjà voir les premières étincelles de ce zèle ardent et infatigable qu'il ferait un jour éclater dans le gouvernement d'un grand diocèse.

Le siége de Rouen vint à vaquer par la mort d'Hidulphe, arrivée en l'année 620; le clergé et le peuple s'assemblèrent alors, suivant l'usage du temps, dans l'église cathédrale, pour procéder à l'élection d'un nouvel archevêqué. Les électeurs ne s'étant pas accordés pour nommer un sujet à cette place, il se présenta à la nouvelle assemblée un homme d'un grand savoir et d'une piété solide qui leur parla en ces termes : « Pour procéder à l'élection, vous devez nécessairement prendre une autre voie que celle que vous avez suivie jusqu'à cette heure. C'est par intérêt ou par inclination que plusieurs d'entre vous ont donné leurs suffrages. Or, ce n'est pas à vous, mais à Jésus-Christ seul, qu'il appartient de choisir un successeur qui puisse vous servir de guide dans les voies du salut. Ce que vous devez donc souhaiter, c'est de savoir sur qui Notre-Seigneur a jeté les yeux, afin que votre élection soit conforme à l'élection divine. Nous devons donc, à l'exemple des apôtres, quand ils se rassemblèrent pour l'élection de Matthias, avoir recours à la prière et au jeûne, et répéter pendant trois jours : Faites-nous connaître, Seigneur, celui sur lequel vous avez fixé votre choix. »

Les électeurs agréèrent cet avis, et convinrent de s'en rapporter à Dieu; ils jeûnèrent donc et prièrent pendant trois jours; et pendant qu'ils imploraient ainsi la lumière et le secours du ciel, un homme irréprochable eut révélation qu'il fallait demander au roi son conseiller, saint Romain, pour l'élever sur le siége de Rouen. On s'assembla donc derechef dans l'église cathédrale, et tous, d'une voix unanime, portèrent sur Romain leurs suffrages. Des députés furent aussitôt envoyés vers Clotaire, afin d'obtenir un pasteur d'un si grand mérite. Ce prince l'accorda, et Romain, quelque répugnance qu'il eût d'accepter cette dignité dont il s'estimait incapable, fut néanmoins obligé de s'en charger, lorsque surtout il eut appris que son élection venait du ciel.

Le nouvel archevêque prit aussitôt congé du roi, quitta la cour, renonçant pour toujours aux affaires séculières et aux vains emplois du monde. Il fit son entrée solennelle à Rouen au milieu des acclamations de la foule, qui ne cessait de chanter : « Béni soit le pontife qui vient au nom du Seigneur. » Il fut sacré dans la cathédrale par quelques évêques qui s'étaient rendus dans cette ville pour la cérémonie de la consécration.

Un des premiers soins du nouveau prélat fut de bannir de son diocèse tous les restes du paganisme. Il ruina, sans nul égard pour la richesse, l'élégance et la belle architecture de ces monuments, plusieurs temples où Apollon, Vénus et Mercure se faisaient adorer.

On voyait encore, il y a quelques années, à l'extrémité de la ville, les ruines du temple de Vénus, sur lesquelles on a bâti depuis une église d'un très-mauvais goût, sous le vocable de Saint-Paul. Ce qui détermina le saint évêque à détruire ce temple fameux, c'est qu'il y avait dans son intérieur une grotte souterraine où se commettaient d'horribles abominations en l'honneur de cette infâme divinité. On rapporte qu'il se fit alors accompagner de plusieurs membres de son clergé, qu'il fit le signe de la croix, et pénétra le premier dans la grotte, où il fit les exorcismes de l'Église, afin d'en chasser l'esprit de ténèbres ; puis, s'avançant au milieu du temple, il y aperçut un tableau sur lequel le nom de Vénus était écrit en gros caractères ; il le mit aussitôt en pièces, renversa les statues et les autels, et fit défense au démon de reparaître dans ce lieu qu'il venait de purifier.

On prétend même que c'est dans cette circonstance que notre saint aurait eu révélation de la prochaine arrivée des Normands dans son diocèse, et de leur conversion au christianisme.

Mais si le zèle de saint Romain se manifesta dans la destruction du paganisme, il éclata tout autant, pour ne pas dire davantage, par le soin qu'il mit à répandre le don de la foi dans le sein des populations qui lui étaient soumises : visitant avec exactitude son vaste diocèse, répandant partout la semence de la parole divine, s'informant soigneusement des besoins et des nécessités de ceux qu'il visitait, reprenant avec douceur et charité ceux qui manquaient à leurs devoirs.

Avec quel empressement cherchait-il à détruire le vice et la superstition ! Avec quelle piété et quelle dévotion offrait-il, chaque jour, les saints mystères ! Combien de fois l'a-t-on surpris cherchant à imiter par l'austérité de sa vie les mortifications de son Sauveur, et accomplissant à la lettre le précepte par lequel l'apôtre saint Paul exhorte les chrétiens à s'offrir à Dieu, comme des hosties pures, sans tache, innocentes ! Aussi l'Église chante-t-elle à sa louange, dans son office, qu'il ne cessait de s'immoler à Dieu comme une victime d'amour. C'est ainsi que saint Romain travailla toujours à établir en lui et dans les autres le règne de Jésus-Christ, et à faire disparaître de son diocèse la tyrannie du démon et l'empire de l'idolâtrie. C'est ainsi qu'il éclaira un grand nombre d'idolâtres, en leur communiquant les pures lumières de l'Evangile ; et il forma si bien les mœurs des chrétiens, qu'ils donnèrent envie aux païens de s'unir avec eux pour ne plus faire qu'un seul troupeau, sous la conduite d'un si bon pasteur.

Au reste, ses miracles ne contribuèrent pas peu à rendre ses exhortations et ses prédications efficaces.

Un samedi saint, le pieux prélat, après avoir passé, selon sa coutume, toute la nuit et une grande partie de la matinée en prières, se rendit à la cathédrale pour y faire la cérémonie de la bénédiction des fonts. Le ministre qui apportait la fiole du saint chrême la laissa tomber, et la cassa, de sorte que tout le chrême fut répandu. Cet accident effraya le peuple, qui crut voir, en cela, le présage de quelque grande calamité. Mais le saint ne s'en étonna nullement ; il fit une fervente prière, puis ramassa les morceaux de la fiole, les rejoignit parfaitement, sans qu'il parût qu'elle avait été cassée ; il en présenta ensuite l'ouverture à l'endroit où la précieuse liqueur était répandue ; et, au grand étonnement de tous les spectateurs, on la vit remonter dedans, quoique la terre en fût déjà toute imbibée.

Un miracle non moins éclatant attira, peu de temps après, sur le saint archevêque l'admiration générale et les bénédictions de tous les habitants de la ville et du diocèse.

La Seine s'était tout à coup si furieusement débordée, qu'elle menaçait d'envahir toute la ville de Rouen par un déluge et un renversement général. L'eau s'était répandue dans la campagne, y renversant les arbres et les maisons, et elle gagna bientôt une telle élévation, que les habitants furent contraints de se réfugier sur les montagnes. Romain était alors à la cour du roi Clotaire, où l'avaient appelé les affaires importantes de son diocèse. Aussitôt qu'il apprend la nouvelle du débordement de la Seine, il quitte la capitale, et accourt promptement au secours de son peuple. Il recourt à ses armes ordinaires pour vaincre la puissance du prince des ténèbres et fléchir la colère du ciel, il se prosterne la face contre terre, demeure quelque temps en oraison, puis, plein de confiance en la bonté divine, il se présente, précédé de la croix, à la fureur des flots, et resserre miraculeusement le fleuve dans ses bords; car, à mesure qu'il met ses pieds dans les eaux débordées, on voit ces eaux abandonner le terrain et rentrer dans leur lit naturel.

Mais ce qui surtout a rendu saint Romain si glorieux par toute la France, c'est la victoire qu'il remporta sur l'horrible serpent ou dragon, d'une forme jusqu'alors inconnue et qui dévorait les habitants de la ville de Rouen et des pays d'alentour.

Voici en quels termes les auteurs du temps ont raconté cette merveilleuse légende.

« Il apparut un horrible serpent dans un lieu marécageux proche de la ville de Rouen. Quelques auteurs ont pensé que c'était dans la forêt de Rouvray. Ce monstre surprenait et dévorait les hommes et les animaux, faisait périr les vaisseaux qui passaient sur la rivière, corrompait l'air par son haleine pestilentielle, et causait une désolation générale dans tout le pays.

« Les habitants de la ville, ne sachant par quel moyen se défaire de ce dragon, qui leur faisait la guerre depuis plusieurs années, eurent recours à saint Romain. Ce charitable et généreux pasteur, à qui les plus hautes entreprises semblaient aisées, quand il s'agissait de défendre son troupeau, les consola, et leur promit de les délivrer de ce furieux adversaire. Le dessein était grand et relevé; mais la manière dont il l'exécuta rendit encore cette action plus illustre et plus éclatante; car il ne voulut pas seulement vaincre et tuer ce monstre, mais il entreprit même de le faire mourir publiquement, comme pour lui faire faire réparation des cruautés qu'il avait exercées. Pour cet effet, il fallait s'en saisir; ce qu'il se chargea de faire lui-même. Il demanda un homme pour l'accompagner; mais il ne se trouva personne qui eût le courage d'aller avec lui. Ce que voyant, le saint s'adressa à un malheureux prisonnier, condamné à mort pour les crimes qu'il avait commis. Il l'engagea fortement à le suivre, avec promesse de le délivrer de la mort qu'il avait méritée, s'il faisait hardiment et ponctuellement tout ce qu'il lui dirait. Le prisonnier accepta volontiers cette proposition. Saint Romain le prit donc avec lui, sortit de la ville, et s'avança vers le marécage, où se retirait le monstre. L'ayant aperçu, il s'en approcha courageusement; et par la vertu du signe de la croix, il désarma cette bête cruelle de sa fureur, et la mit dans l'impuissance de lui causer aucun mal. Il lui passa ensuite son étole autour du cou, et, après l'avoir attachée de la sorte, il donna l'ordre au prisonnier de la prendre et de la conduire à la ville. L'animal ne fit aucune résistance; on le plaça sur un énorme bûcher auquel on mit le feu, et les cendres de ce terrible dragon furent ensuite jetées dans la rivière. Tout le peuple donna mille bénédictions à son pasteur de l'avoir si heureusement délivré de cet ennemi public; puis, dans cette allégresse commune, le criminel fut absous de tous ses crimes et mis en liberté. Le saint prélat se retira pour offrir un sacrifice de louange à la divine Majesté pour un si grand bienfait. »

Le bruit de cette merveille s'étant aussitôt répandu par toute la France, le roi

Dagobert, qui régnait alors, voulut en être informé par l'évêque même qui en avait été l'auteur; il l'appela donc à sa cour, et en apprit toutes les circonstances de sa propre bouche; puis, afin que la mémoire ne s'en perdît jamais, il donna au chapitre de la cathédrale de Rouen le pouvoir de délivrer tous les ans, à perpétuité, un homicide détenu dans les prisons, au jour de l'Ascension de Notre-Seigneur, jour auquel ce prodige était arrivé; ce qu'il faisait encore avant la révolution de 1789, dans une procession générale à laquelle assistait le prisonnier.

Voici de quelle manière s'accomplissait ce privilége de la fierte, appelé aussi privilége de la châsse de saint Romain. Deux mois avant la fête de l'Ascension, le chapitre de Rouen prévenait les juges de ne condamner aucun criminel jusqu'au jour de cette fête. Le jour étant arrivé, il choisissait le prisonnier destiné à jouir du privilége. Alors, on le condamnait à mort; après quoi, on le mettait en liberté. Ordinairement, c'était à la Basse-Vieille-Tour que cette touchante cérémonie avait lieu. Puis, on faisait ensuite une procession solennelle, à laquelle assistait le prisonnier, portant sur ses épaules la châsse de saint Romain. Le même jour, il entendait deux exhortations, et on lui déclarait qu'il avait obtenu sa grâce, en l'honneur du saint évêque. Après la procession, on chantait une messe dans la cathédrale, quoiqu'il fût ordinairement cinq à six heures du soir. C'était-encore pour perpétuer le souvenir de la victoire remportée par saint Romain sur le dragon, qu'on portait, chaque année, à la procession du jour de l'Ascension, la figure du serpent, à laquelle on avait donné le nom de gargouille.

Plusieurs de nos rois confirmèrent ce privilége de saint Romain accordé par Dagobert au chapitre de Rouen; et il est demeuré si inviolable, que ni les ducs normands, qui se sont rendus maîtres de Rouen, ni les rois d'Angleterre, qui en ont été longtemps les seigneurs, ni les rois de France, qui l'ont enfin réuni à leur domaine, ne-l'ont jamais aboli. On dit même que le pape Grégoire XIII écrivit une lettre aux chanoines de Rouen, datée du 23 juillet et la neuvième année de son pontificat, en faveur d'un nommé Jean du Plessis, pour les prier de lui accorder la jouissance de ce privilége.

Quelques auteurs modernes ont nié l'existence du miracle que l'on vient de rapporter, et qui a donné lieu au privilège appelé fierte. Ils disent que sous nos rois de la première race plusieurs saints évêques obtinrent quelquefois la permission de mettre les prisonniers en liberté; qu'il ne serait pas hors de vraisemblance que ce fût là l'origine du privilége de l'Église de Rouen, que l'on ferait remonter à saint Romain. Quant à la figure du serpent ou gargouille qu'on portait autrefois à la procession, elle ne saurait être à Rouen, ainsi que dans plusieurs autres villes, qu'un symbole représentatif de la victoire de Jésus-Christ sur le démon. Et la délivrance du prisonnier serait peut-être aussi un emblème de la rédemption du genre humain par notre Seigneur Jésus-Christ. Enfin on a beaucoup écrit sur l'origine de ce privilége. Et aujourd'hui encore plusieurs historiens d'un haut mérite prétendent qu'il fut accordé en reconnaissance de ce que la ville avait été délivrée par les prières du saint de l'inondation de la Seine dont il a été parlé ci-dessus.

Il serait superflu d'examiner ici, par de plus longs détails, si le miracle du dragon a réellement existé, ou si c'est une pieuse fable inventée par un peuple ami du merveilleux et plein de reconnaissance pour les bontés du saint évêque qui pendant treize ans ne cessa de veiller sur ses intérêts avec une vigilance toute paternelle. Ce qu'il importe de savoir, c'est que saint Romain fit un grand nombre de miracles, lesquels sont moins dignes d'admiration que les rares vertus qui formaient la sainteté de sa vie. Il affligeait sa chair par des austérités continuelles, passant souvent les nuits entières en prières, après avoir donné tout le jour aux fatigues du ministère épiscopal. Il célébrait, tous les jours, les divins mystères avec une ferveur et une dévotion qui pénétraient tous les assistants. Il fut toujours le père des pauvres et l'asile des malheureux. Il allait, ainsi que nous l'avons raconté plus haut, dans tous les lieux de son diocèse pour en bannir le vice et y faire régner la vertu. Et de même qu'il réprimait avec une vigueur tempérée par la clémence ceux qu'il trouvait en faute, et dont il espérait la correction, de même il était terrible pour les impies et pour les opiniâtres, empêchant qu'ils ne fussent contagieux parmi son troupeau. En un mot, comme il veillait au salut de chacun des siens, ainsi qu'il eût veillé à son propre salut, il fit de son diocèse comme un paradis terrestre, digne d'être un jour transporté dans le ciel. On pense communément que ce fut saint Romain qui institua l'instruction familière que l'on appelle le prône du dimanche. Ce n'est pas que, avant cela, les prélats et les prêtres n'eussent soin d'instruire le peuple et de lui apprendre les points capitaux de la doctrine chrétienne; mais ce fut probablement notre saint qui détermina que ces instructions se feraient au milieu de la messe; afin que tout le monde fût obligé d'y assister, ou qui les réduisit à une forme plus populaire et plus intelligible.

Lorsqu'il eut ainsi accompli tous les devoirs d'un bon pasteur, Dieu lui fit connaître d'une manière extraordinaire les approches de sa mort. Pendant qu'il célébrait la messe, le jour de l'Ascension,

en ce même jour où il institua le prône,
il fut ravi en extase et élevé de terre;
puis, en même temps, il parut sur sa tête
un globe de feu, d'où sortait une main
céleste qui lui donnait sa bénédiction et
recevait l'hostie qu'il offrait au Père éter-
nel; il entendit aussi une voix qui lui dit:
« Prenez courage, mon serviteur, dans
peu de jours vous recevrez la récompense
due à vos mérites, et vous serez placé
parmi les saints prêtres du royaume de
mon Père. »

Après le saint sacrifice de la messe,
apprenant que trois de ses chanoines
avaient eu part à cette vision, il leur fit
une rigoureuse défense d'en rien dire pendant sa vie. A la suite de cette révélation,
Romain voulut se préparer à recevoir
dignement l'effet des promesses divines. Il
fit une fondation à son église pour l'assis-
tance des pauvres, donna le reste de ses
biens aux hôpitaux, et se retira quelque
temps dans la solitude, pour se préparer à
sa dernière heure.

Il se livra, dans cette retraite, avec une
ferveur extraordinaire, à la contemplation
des choses célestes, se dégageant peu à peu

des liens qui le retenaient à la terre, pour
ne plus s'occuper que de Dieu et de l'éter-
nité. Or, le démon, qui ne cesse d'attaquer
l'homme, tant qu'il est revêtu d'un corps
mortel, sachant qu'il ne faut qu'un désir
d'un moment pour perdre tout le fruit
d'une longue et sainte vie, voulut le porter
au mal et lui ravir la couronne de gloire
qui l'attendait dans le ciel. Mais Notre-
Seigneur délivra son serviteur de la tenta-
tion, et le secourut par sa grâce. Enfin, le
saint archevêque, après avoir ainsi passé
plusieurs jours dans la retraite et les exer-
cices de piété, se sentit atteint d'une fièvre
lente, mais dont la continuation lui fit
bientôt connaître que le moment n'était
pas éloigné où il irait rendre compte au
souverain juge de chacune de ses œuvres.
Il fit aussitôt venir près de lui les membres
de son clergé et une grande partie du
peuple, leur prédit le jour et l'heure de
sa mort, distribua aux pauvres le reste de
ses biens; puis, il exhorta tous ceux qui
assistaient à ses derniers moments à faire,
chaque jour, de nouveaux progrès dans la
vertu, à se souvenir sans cesse que nous
ne serons récompensés qu'à proportion de

nos mérites et des bonnes œuvres que nous aurons faites ; il leur recommanda surtout, à l'exemple de l'apôtre saint Jean, de pratiquer le précepte de la charité, conservant soigneusement entre eux la charité fraternelle. Enfin, sentant ses forces l'abandonner, il fit sur lui le signe de la croix, et, après avoir porté un dernier regard d'amour vers le ciel, il s'endormit paisiblement dans le Seigneur, le 23 octobre 645, ayant administré le diocèse de Rouen pendant treize ans.

Le corps de saint Romain fut porté dans l'église de Saint-Godard, et inhumé dans un caveau en un sépulcre de jaspe. On voit encore aujourd'hui ce tombeau, et il en est sorti une infinité de miracles. Le corps du saint pontife y est demeuré enfermé jusqu'en l'année 1038, époque où il fut trouvé par l'archevêque Robert dans un parfait état de conservation. Quelques années plus tard, un successeur de l'archevêque Robert, Guillaume Bonne-Ame, le fit exhumer et transférer dans une châsse garnie de lames d'or et couverte de pierres précieuses, pour être porté dans l'église Notre-Dame. Depuis, on ôta l'or de cette châsse, dans une grande disette de vivres, pour secourir les pauvres qui mouraient de faim. Mais un troisième archevêque, nommé Rotrou, en l'année 1179, en fit faire une autre encore plus magnifique, où, en présence des évêques de Lisieux et de Séez, il déposa cette précieuse relique. C'est cette châsse que l'on appelait communément la fierte de saint Romain, et que le criminel qui devait avoir sa grâce au jour de l'Ascension aidait à porter en procession.

Plusieurs miracles, avons-nous dit, se sont opérés au tombeau de saint Romain ; et son culte est devenu tellement populaire en Normandie, qu'on avait recours à l'intercession du saint archevêque dans les calamités publiques. Ainsi, nous lisons dans la *Vie de Guillaume de Flavacour,* un des successeurs de saint Romain sur le siége de Rouen, que la Seine s'étant un jour enflée extraordinairement, au point de rompre le pont de bois qui la traversait, et d'inonder une grande partie de la ville, toute la population eut recours par ses prières à la puissante intercession de notre saint auprès de Dieu. « Et on ne trouva pas de meilleur remède, ajoute la chronique du temps, pour arrêter ce déluge, que de porter en procession le bras de saint Romain, en la présence duquel l'eau se retira promptement, à la vue de tous les assistants, qui remercièrent Dieu de cette faveur miraculeuse. »

Saint Romain a toujours été considéré comme le premier patron du diocèse de Rouen, à cause du zèle qu'il déploya pour détruire les restes de la gentilité, et des insignes bienfaits que les fidèles de cette contrée ont reçus par son entremise. On compte cependant fort peu d'églises qui lui soient dédiées. Il y en avait une autrefois sous son vocable dans la rue Saint-Romain. Mais ayant été ruinée en 1140, Hugues III, archevêque de Rouen, donna les fonds qui provenaient de cette église au chancelier des écoles de la cathédrale, qui, depuis, le céda en faveur des chanoines. Nous avons, au nord de la ville de Rouen, une église qui appartenait autrefois à une congrégation de bénédictins, et qui aujourd'hui est dédiée à saint Romain. Et c'est sous le maître-autel de cette église qu'ont été déposées les précieuses reliques qui avaient été successivement placées dans l'église de Saint-Godard, dans l'église abbatiale de Saint-Médard de Soissons, sous Louis le Débonnaire, dans l'église Notre-Dame, et qui, après avoir échappé à la ruine et à la destruction, en 1562, lors du pillage et des abominations sacriléges des calvinistes, avaient été renfermées dans la châsse de tous les saints.

La fête de saint Romain, fixée au 23 octobre, se célèbre, dans le diocèse de Rouen, le troisième dimanche d'octobre.

**FIN.**

Rouen. — Imp. MÉGARD et Cᵉ, rue S.-Hilaire, 136.